EL CICLO DEL OXÍGENO

SANTANA HUNT
TRADUCIDO POR ALBERTO JIMÉNEZ

Gareth Stevens
PUBLISHING

ENCONTEXTO

Please visit our website, www.garethstevens.com. For a free color catalog of all our high-quality books, call toll free 1-800-542-2595 or fax 1-877-542-2596.

Library of Congress Cataloging-in-Publication Data

Names: Hunt, Santana, author.
Title: El ciclo del oxígeno / Santana Hunt.
Description: New York : Gareth Stevens Publishing, 2020. | Series: Conoce los ciclos de la naturaleza | Includes bibliographical references and index.
Identifiers: LCCN 2018048719| ISBN 9781538243879 (pbk.) | ISBN 9781538243893 (library bound) | ISBN 9781538243886 (6 pack)
Subjects: LCSH: Oxygen—Juvenile literature. | Atmospheric chemistry—Juvenile literature.
Classification: LCC QD181.O1 H846 2020 | DDC 551.51/12—dc23
LC record available at https://lccn.loc.gov/2018048719

First Edition

Published in 2020 by
Gareth Stevens Publishing
111 East 14th Street, Suite 349
New York, NY 10003

Copyright © 2020 Gareth Stevens Publishing

Translator: Alberto Jiménez
Editor, Spanish: María Cristina Brusca
Designer: Sarah Liddell

Photo credits: Cover, p. 1 (main) Guenter Albers/Shutterstock.com; cover, p. 1 (inset) Antonio Guillem/Shutterstock.com; arrow background used throughout Inka1/Shutterstock.com; p. 5 Akira Kaelyn/Shutterstock.com; p. 7 Materialscientist/Wikimedia Commons; p. 9 PRASANNAPIX/Shutterstock.com; p. 11 De Agostini Picture Library/Contributor/ De Agostini/Getty Images; p. 13 BlueRingMedia/Shutterstock.com; p. 15 Oleg Nesterov/ Shutterstock.com; p. 17 Sakurra/Shutterstock.com; p. 19 Vecton/Shutterstock.com; p. 21 Vibrant Image Studio/Shutterstock.com; p. 23 shooarts/Shutterstock.com; p. 25 Alessandro Zappalorto/Shutterstock.com; p. 27 Dudarev Mikhail/Shutterstock.com; p. 29 abcphotosystem/Shutterstock.com; p. 30 Designua/Shutterstock.com.

Printed in the United States of America

CPSIA compliance information: Batch #CS19GS: For further information contact Gareth Stevens, New York, New York at 1-800-542-2595.

CONTENIDO

Las palabras del glosario se muestran en **negrita** la primera vez que aparecen en el texto.

EL OXÍGENO EN LA TIERRA

Casi toda la vida de la Tierra depende de la presencia de oxígeno. Es parte del cuerpo de los seres vivos, está en todas las masas de agua y es parte importante de la **atmósfera**. ¡También lo inhalamos! El movimiento del oxígeno, a través de sus diferentes formas en la naturaleza, se llama *el ciclo del oxígeno*.

5

Casi todas las formas de vida de la Tierra dependen de la presencia de oxígeno. Puede encontrarse en **compuestos** sólidos, líquidos o gaseosos. Cuando existe en forma de gas, ¡el oxígeno no huele, no tiene sabor ni color! Es, por consiguiente inodoro, insípido e incoloro.

SI QUIERES SABER MÁS

Cuando el oxígeno se combina con otros elementos,
esos elementos han sido "oxidados".

OXÍGENO LÍQUIDO

¡DE LAS PLANTAS...

El ciclo del oxígeno incluye de manera especial el movimiento del oxígeno respirable por las plantas y los animales. Comienza con el **proceso** de fotosíntesis. Este es el proceso por el cual la mayoría de las plantas verdes y las **algas** sintetizan su propio alimento.

SI QUIERES SABER MÁS

Cuando el oxígeno es un gas, se encuentra como O_2 y O_3.
El primero es el gas utilizado por plantas y animales; el O_3, el llamado
ozono, aparece en las partes más altas de la atmósfera terrestre.

O_2

O_3

O

O

O

O

O

O = OXÍGENO

Primero, estos **organismos** toman la luz del sol. Un **pigmento** verde especial, llamado *clorofila*, que se encuentra en ciertas células vegetales les permite utilizar esta energía para llevar a cabo la fotosíntesis. Las plantas absorben agua y también dióxido de carbono, un gas que se encuentra en la atmósfera.

CÉLULAS VEGETALES

CLOROPLASTO

SI QUIERES SABER MÁS

La clorofila se encuentra en todas las plantas verdes, principalmente en sus hojas. Se halla en unas partes de la célula llamadas *cloroplastos*.

La energía solar causa **reacciones químicas** entre el dióxido de carbono y el agua. Estas reacciones forman glucosa, azúcares de las plantas; las plantas y las algas la descomponen al producir energía. El oxígeno es un producto de desecho de dicha reacción que se expulsa al aire.

SI QUIERES SABER MÁS

Aunque las plantas usan cierta cantidad de oxígeno
en sus procesos vitales, la mayor parte sale
como producto de desecho.

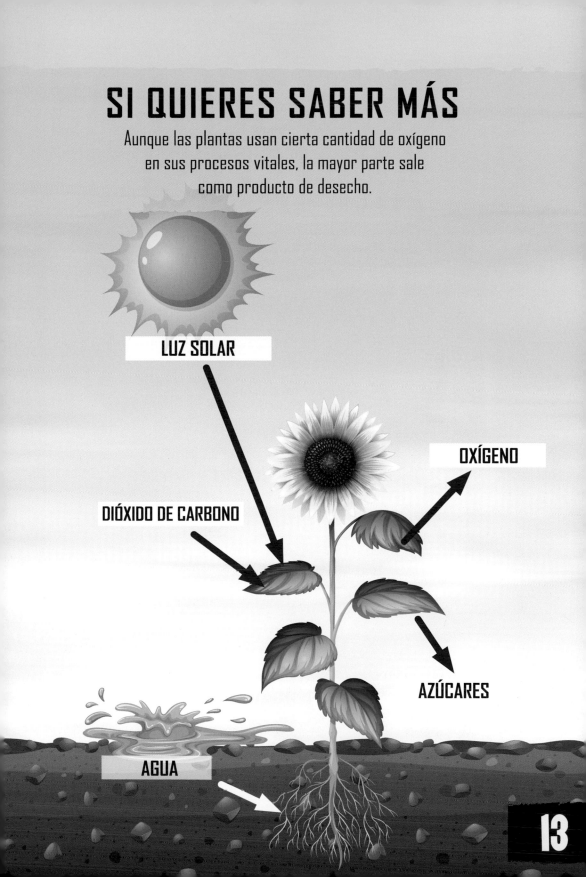

LUZ SOLAR

OXÍGENO

DIÓXIDO DE CARBONO

AZÚCARES

AGUA

... A LAS CÉLULAS ANIMALES!

La segunda parte principal del ciclo del oxígeno es la respiración celular. Cuando incluye un intercambio de gases (dióxido de carbono por oxígeno), se llama *respiración aeróbica*.

En mamíferos, como los seres humanos, el oxígeno se inhala principalmente a través de la nariz y la boca.

BRANQUIAS

SI QUIERES SABER MÁS

Los insectos absorben oxígeno a través de espiráculos o agujeros en su cuerpo. Los peces usan sus branquias o toman oxígeno a través de la piel.

En muchos animales, el oxígeno se mueve a través del cuerpo hasta los pulmones. Allí se cambia por dióxido de carbono. El animal o el ser humano exhala dióxido de carbono como producto de desecho de la respiración. El cuerpo utiliza el oxígeno para descomponer los alimentos y aprovechar la energía que incorporan.

OXÍGENO

CO_2 EN EL AIRE QUE EXHALAMOS

GLUCOSA (ALIMENTO)

ENERGÍA CON QUE FUNCIONA EL CUERPO

AGUA

SI QUIERES SABER MÁS

El proceso de descomposición de los organismos muertos también utiliza oxígeno y produce dióxido de carbono.

OTRO CICLO

El ciclo del oxígeno está ligado a otro de los ciclos importantes de la Tierra: el ciclo del carbono. Este ciclo establece el movimiento del carbono a través de sus diferentes formas en la naturaleza. El carbono es un elemento que se encuentra en todos los seres vivos.

SI QUIERES SABER MÁS

El carbono se mueve de un organismo a otro; los animales
emiten dióxido de carbono como desecho que las plantas absorben.
Ciertos animales comen plantas y absorben el carbono de sus **tejidos**.

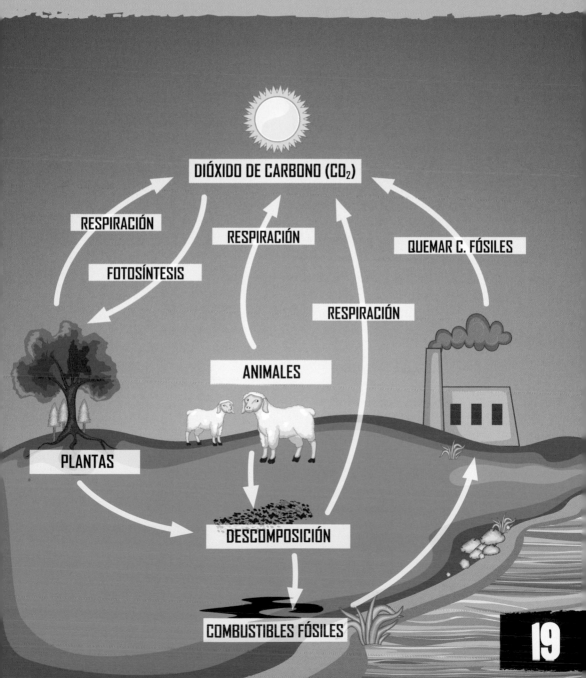

DIÓXIDO DE CARBONO (CO_2)

RESPIRACIÓN

RESPIRACIÓN

QUEMAR C. FÓSILES

FOTOSÍNTESIS

RESPIRACIÓN

ANIMALES

PLANTAS

DESCOMPOSICIÓN

COMBUSTIBLES FÓSILES

La fotosíntesis emite miles de millones de toneladas de oxígeno al aire cada año. Los animales y otros organismos consumen aproximadamente esa cantidad y emiten dióxido de carbono a cambio. Por tanto, ¡los ciclos de oxígeno y carbono trabajan juntos, armónicamente!

SI QUIERES SABER MÁS

El oxígeno llega a formar parte de la atmósfera por un proceso llamado *fotólisis*. Cierta **radiación** descompone el agua de la atmósfera y libera el oxígeno de las **moléculas** de agua.

NO TODO EL AIRE

El oxígeno es uno de los elementos más abundantes de la Tierra, pero la mayor parte no se encuentra en la atmósfera ni en el aire que se respira. ¡El 99,5 % se encuentra en la litosfera, la parte más externa de la Tierra! Este oxígeno almacenado es también parte del ciclo principal del oxígeno.

SI QUIERES SABER MÁS

La corteza terrestre y el manto superior
constituyen la litosfera.

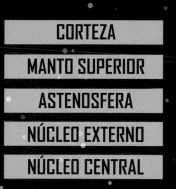

CORTEZA

MANTO SUPERIOR

ASTENOSFERA

NÚCLEO EXTERNO

NÚCLEO CENTRAL

Debido a que el oxígeno se combina fácilmente con otros elementos, se encuentra en muchos tipos de rocas que forman parte de la corteza terrestre.

A medida que dichas rocas se desgastan —o se erosionan por el viento, el agua y las actividades de los seres vivos—, pueden fragmentarse, ¡y aparece la emisión de oxígeno!

SI QUIERES SABER MÁS

Ciertas criaturas marinas hacen conchas de carbonato de calcio, materia que contiene mucho oxígeno. Después de morir, estas conchas pasan a la litosfera en forma de piedra caliza.

LOS COMBUSTIBLES FÓSILES

La quema de combustibles fósiles lanza dióxido de carbono y gases nocivos a la atmósfera. Sin embargo, la cantidad de oxígeno se mantiene casi igual, ya que las plantas continúan usando dióxido de carbono y produciéndolo. Sin embargo, el uso de combustibles fósiles perjudica a la Tierra de muchas otras maneras.

SI QUIERES SABER MÁS

Los combustibles fósiles son restos de plantas y animales que han estado enterrados largo tiempo y que se queman para obtener energía.

SIN OXÍGENO

El ciclo del oxígeno es muy importante para la vida en la Tierra. Sin oxígeno para respirar, los animales morirían. ¡Y, sin animales que exhalaran dióxido de carbono, las plantas se extinguirían! Las dos partes del ciclo trabajan en armonía para mantener a la Tierra saludable y llena de vida.

SI QUIERES SABER MÁS

Las algas —no las plantas— reemplazan el 90 %
aproximadamente del oxígeno que se utiliza en la Tierra.

ALGAS

EL CICLO DEL OXÍGENO

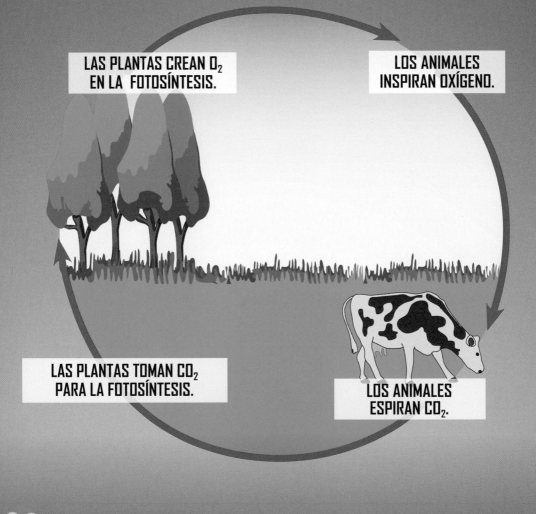

LAS PLANTAS CREAN O$_2$
EN LA FOTOSÍNTESIS.

LOS ANIMALES
INSPIRAN OXÍGENO.

LAS PLANTAS TOMAN CO$_2$
PARA LA FOTOSÍNTESIS.

LOS ANIMALES
ESPIRAN CO$_2$.

GLOSARIO

algas: seres vivos similares a plantas que se encuentran principalmente en el agua.

atmósfera: mezcla de gases que rodean a un planeta.

compuesto: dos o más átomos diferentes unidos entre sí.

molécula: fragmento diminuto de materia.

organismo: ser vivo.

pigmento: sustancia que les da color a los vegetales o animales.

proceso: serie de pasos o acciones que tienen lugar, o se realizan, para completar algo.

radiación: ondas de energía.

reacción química: mezcla de una materia con otras materias, y los cambios que ello provoca.

tejido: materia que forma las partes de los seres vivos.

PARA MÁS INFORMACIÓN

LIBROS

Conklin, Wendy. *Earth's Cycles*. Huntington Beach, CA: Teacher Created Materials, 2016; Hurt, Avery Elizabeth.

Oxygen. New York, NY: Enslow Publishing, LLC, 2019.

SITIOS DE INTERNET

Ecosystem: The Oxygen Cycle

www.ducksters.com/science/ecosystems/oxygen_cycle.php
Repasa el ciclo del oxígeno en este sitio para niños.

Photosynthesis for Kids Video

easyscienceforkids.com/photosynthesis-for-kids-video
Mira este vídeo para aprender más sobre la fotosíntesis.

Nota del editor para educadores y padres: nuestro personal especializado ha revisado cuidadosamente estos sitios web para asegurarse de que sean apropiados para los estudiantes. Muchos sitios web cambian con frecuencia, por lo que no podemos garantizar que posteriores contenidos que se suban a esas páginas cumplan con nuestros estándares de calidad y valor educativo. Tengan presente que se debe supervisar cuidadosamente a los estudiantes siempre que tengan acceso al Internet.

ÍNDICE